Resumo do Livro

"**Investimentos Pessoais: Fundamentos, Estratégias e Psicologia**" é um guia abrangente projetado para ajudar investidores de todos os níveis a construir e gerenciar um portfólio de investimentos bem-sucedido. Este livro oferece uma visão detalhada sobre os princípios básicos dos investimentos, estratégias avançadas, e os aspectos psicológicos que influenciam a tomada de decisões financeiras.

O livro é dividido em dez capítulos, cada um abordando aspectos fundamentais e avançados dos investimentos pessoais:

1. **Fundamentos dos Investimentos Pessoais** - Este capítulo introduz os conceitos básicos e a terminologia essencial do mercado financeiro. Explicações detalhadas sobre diferentes tipos de investimentos, como ações, títulos, e imóveis, são fornecidas para construir uma base sólida de conhecimento.
2. **Planejamento Financeiro** - A importância de um planejamento financeiro eficaz é explorada, com foco na definição de metas, criação de um orçamento e construção de uma estratégia financeira personalizada. Exemplos práticos e dicas são oferecidos para ajudar a estruturar um plano que se alinha com os objetivos pessoais.
3. **Análise de Risco e Retorno** - Este capítulo detalha como avaliar o risco e o retorno de diferentes investimentos, incluindo métodos para calcular o risco e a relação entre risco e recompensa. Ferramentas e técnicas para medir o desempenho e ajustar as estratégias de acordo com o perfil de risco são discutidas.
4. **Estratégias de Investimento** - Diversas estratégias de investimento são analisadas, incluindo a diversificação, alocação de ativos, e estratégias de curto e longo prazo. O capítulo fornece orientações sobre como escolher a estratégia que melhor se adapta ao seu perfil e objetivos.
5. **Investimentos Alternativos** - Explora opções de investimento fora dos mercados tradicionais, como criptomoedas, commodities e startups. Cada tipo de investimento é analisado em termos de potencial de retorno, risco e aplicabilidade.
6. **Gestão de Risco e Proteção Patrimonial** - Foca na importância da gestão de risco e das estratégias de proteção para salvaguardar o patrimônio. O capítulo cobre técnicas de mitigação, como a diversificação e o uso de seguros, e como implementar um plano de contingência eficaz.

7. **Aspectos Psicológicos dos Investimentos** - Examina como a psicologia influencia as decisões financeiras e os erros comuns cometidos por investidores. Estratégias para superar preconceitos e melhorar a tomada de decisões são discutidas, com foco na autocompreensão e na disciplina emocional.

8. **Tendências e Inovações no Mercado Financeiro** - Analisa as tendências atuais e inovações no mercado financeiro, incluindo novas tecnologias e produtos financeiros. O impacto dessas mudanças no comportamento dos investidores e nas oportunidades de investimento é explorado.

9. **Análise de Estudos de Caso** - Apresenta estudos de caso reais para ilustrar a aplicação dos conceitos discutidos ao longo do livro. Cada estudo de caso fornece lições práticas e insights sobre a tomada de decisões e a gestão de investimentos.

10. **Aspectos Psicossociais e Comportamentais** - Aborda como fatores sociais e comportamentais influenciam a gestão financeira e as decisões de investimento. O capítulo oferece estratégias para melhorar a eficácia das decisões financeiras, considerando o impacto das pressões sociais e comportamentais.

"Investimentos Pessoais: Fundamentos, Estratégias e Psicologia" é um recurso valioso para qualquer pessoa interessada em melhorar suas habilidades de investimento e alcançar seus objetivos financeiros. Ao combinar conhecimento técnico, estratégias práticas e insights psicológicos, este livro oferece uma abordagem completa para a gestão eficaz do patrimônio pessoal.

Sobre o Autor

Robson Ferreira é um profissional experiente no mercado financeiro, com mais de 10 anos de atuação na área. Formado em Ciências da Computação e Economia, e com pós-graduação em Gestão de Pessoas e Ciência de Dados, Robson combina uma sólida formação acadêmica com uma vasta experiência prática. Além de ser esposo, pai e empresário, ele é o criador do canal *RF Investimentos* no YouTube, onde compartilha insights valiosos sobre o mercado financeiro. Robson também é autor de três eBooks de sucesso disponíveis na Amazon, que têm ajudado leitores a aprimorar seus conhecimentos e estratégias de investimento. Sua paixão por finanças e compromisso com a educação financeira o tornaram uma referência respeitada no campo dos investimentos pessoais.

Investimentos Pessoais: Da Teoria à Prática

Robson Ferreira

SETEMBRO, 2024

Resumo do Livro..1

Sobre o Autor..2

Prefácio...6

Introdução...7

Capítulo 1: Fundamentos dos Investimentos Pessoais..8

    Introdução..9

    1.1 O que são Investimentos?...9

    1.2 Tipos de Investimentos...9

    1.3 Conceitos Básicos de Investimento...11

    1.4 Estratégias de Investimento..12

    1.5 Terminologia Essencial...13

    1.6 Conclusão..15

Capítulo 2: Definindo Seus Objetivos e Perfil de Investidor..15

    Introdução..16

    2.1 Definindo Seus Objetivos Financeiros..16

    2.2 Determinando Seu Perfil de Investidor...17

    2.3 Avaliando Sua Tolerância ao Risco..18

    2.4 Elaborando um Plano de Investimento...18

    2.5 Conclusão..19

Capítulo 3: Estratégias de Investimento e Construção de Portfólio................................20

    Introdução..21

    3.1 Estratégias de Investimento..21

    3.2 Construção e Gestão de um Portfólio...22

    3.3 Estratégias de Investimento em Diferentes Cenários Econômicos....................24

    3.4 Avaliação e Monitoramento do Portfólio...25

    3.5 Conclusão..26

Capítulo 4: Análise e Seleção de Investimentos...26

    Introdução..26

    4.1 Análise Fundamental..26

    4.2 Análise Técnica...27

    4.3 Avaliação de Risco e Retorno...28

    4.4 Avaliação de Investimentos Alternativos...29

    4.5 Ferramentas e Recursos para Análise de Investimentos....................................30

4.6 Conclusão... 31

Capítulo 5: Estratégias de Investimento... 31

    Introdução... 32

    5.1 Estratégias de Investimento de Longo Prazo... 32

    5.2 Estratégias de Investimento de Curto Prazo... 33

    5.3 Estratégias de Diversificação... 34

    5.4 Estratégias de Alocação de Ativos... 35

    5.5 Conclusão... 36

Capítulo 6: Gestão de Risco e Avaliação de Performance... 37

    Introdução... 38

    6.1 Gestão de Risco... 38

    6.2 Avaliação de Performance... 39

    6.3 Ferramentas e Recursos para Gestão de Risco e Avaliação de Performance... 40

    Conclusão... 41

Capítulo 7: Psicologia do Investidor e Comportamento Financeiro... 41

    Introdução... 42

    7.1 Compreendendo o Comportamento do Investidor... 42

    7.2 Emoções e Decisões de Investimento... 43

    7.3 Estratégias para Gerenciar o Comportamento e as Emoções... 44

    Conclusão... 45

Capítulo 8: Planejamento de Aposentadoria e Previdência... 46

    Introdução... 47

    8.1 Tipos de Planos de Previdência... 47

    8.2 Estratégias para Planejamento de Aposentadoria... 48

    8.3 Ajustes e Revisões no Planejamento... 49

    Conclusão... 50

Capítulo 9: Gestão de Riscos e Proteção Patrimonial... 51

    Introdução... 52

    9.1 Identificação e Avaliação de Riscos... 52

    9.2 Estratégias de Mitigação de Risco... 53

    9.3 Proteção Patrimonial... 55

    Conclusão... 56

Capítulo 10: Aspectos Psicológicos e Comportamentais dos Investimentos... 57

Introdução..58

10.1 Comportamento do Investidor e Erros Comuns...............................58

10.2 Estratégias para Melhorar a Tomada de Decisões............................59

10.3 Implementação e Monitoramento..61

Conclusão..61

Conclusão..62

Apêndice..64

A. Glossário de Termos Financeiros...65

B. Recursos e Ferramentas para Investidores..65

C. Estudos de Caso Adicionais..65

D. Referências e Leituras Recomendadas..66

E. Modelos e Exemplos de Planos de Investimento..................................66

F. Contatos e Consultoria Financeira...67

Referências e Leituras Recomendadas..67

Livros..67

Artigos e Publicações...68

Websites e Recursos Online..69

Índice...69

A..70

B..70

C..70

D..70

E..71

F..71

G..71

I...71

M...71

O..72

P..72

R..72

T..72

V..72

Sobre o Autor..73

Prefácio

Bem-vindo a este livro sobre investimentos pessoais, uma jornada que espero seja tão enriquecedora para você quanto foi para mim ao longo dos anos. O objetivo deste livro é oferecer um guia claro e acessível para ajudar você a navegar pelo complexo mundo dos investimentos e alcançar suas metas financeiras.

Minha trajetória no mercado financeiro começou há mais de uma década e tem sido marcada por constantes aprendizados e desafios. Como alguém com formação em Ciências da Computação e Economia, e com uma pós-graduação em Gestão de Pessoas e Ciência de Dados, eu sempre busquei unir teoria e prática para tomar decisões financeiras informadas e eficazes. Além de minha experiência profissional, meu papel como empresário e a gestão do canal *RF Investimentos* no YouTube me permitiram compartilhar e aprofundar meu conhecimento, ajudando milhares de pessoas a compreender melhor o mercado financeiro.

Neste livro, você encontrará estratégias comprovadas e práticas recomendadas para investir de forma inteligente e atingir seus objetivos financeiros. Desde os fundamentos básicos até técnicas avançadas, meu objetivo é equipá-lo com as ferramentas necessárias para tomar decisões financeiras bem-informadas e bem-sucedidas.

O mercado financeiro pode parecer intimidante no início, mas com as informações e estratégias certas, você poderá desmistificá-lo e usá-lo a seu favor. Estou entusiasmado para acompanhá-lo nesta jornada e ansioso para ver o impacto positivo que este conhecimento pode ter em sua vida.

Obrigado por confiar em mim para guiá-lo neste caminho. Vamos começar!

Introdução

O mundo dos investimentos pessoais é vasto e repleto de oportunidades e desafios. Em um cenário financeiro cada vez mais dinâmico e complexo, entender os fundamentos dos investimentos e aplicar estratégias eficazes para gerenciar seu patrimônio são habilidades essenciais para alcançar a independência financeira e garantir um futuro próspero. Este livro foi concebido para ser um guia abrangente e acessível para investidores de todos os níveis, fornecendo uma visão detalhada sobre como construir e gerenciar um portfólio de investimentos sólido e sustentável.

Neste livro, exploraremos desde os conceitos básicos e terminologia do mercado financeiro até as estratégias avançadas para proteger e maximizar seu patrimônio. Iniciaremos com uma análise dos fundamentos dos investimentos pessoais, discutindo as principais classes de ativos e suas características. Em seguida, abordaremos a importância do planejamento financeiro, a análise de risco e retorno, e as diferentes estratégias de investimento, incluindo ações, títulos, imóveis e investimentos alternativos.

Além disso, este livro dedica uma seção importante à gestão de riscos e proteção patrimonial, oferecendo insights sobre como identificar e mitigar riscos financeiros e proteger seu patrimônio contra perdas inesperadas. Também exploraremos o impacto da psicologia e do comportamento na tomada de decisões financeiras, fornecendo estratégias para superar preconceitos e melhorar a eficácia das suas escolhas de investimento.

Através de exemplos práticos, estudos de caso e estratégias testadas, o objetivo deste livro é fornecer a você as ferramentas necessárias para tomar decisões informadas e desenvolver uma abordagem estratégica para seus investimentos. Ao final, esperamos que você se sinta capacitado a enfrentar os desafios do mercado financeiro com confiança e clareza, construindo um caminho sólido em direção aos seus objetivos financeiros.

Capítulo 1: Fundamentos dos Investimentos Pessoais

Introdução

Os investimentos pessoais são uma maneira eficaz de crescer seu patrimônio e alcançar objetivos financeiros de longo prazo. Para fazer isso com sucesso, é essencial entender os conceitos básicos e a terminologia associada aos diferentes tipos de investimentos. Neste capítulo, abordaremos esses fundamentos e forneceremos exemplos práticos para ilustrar cada conceito.

1.1 O que são Investimentos?

Investimentos são alocações de recursos financeiros com o objetivo de gerar um retorno futuro. O retorno pode vir na forma de renda (como juros ou dividendos) ou na valorização do capital (aumento no valor do ativo). Cada tipo de investimento possui características específicas e diferentes níveis de risco e retorno.

1.2 Tipos de Investimentos

- **Ações**

Definição: Ações são títulos que representam uma fração da propriedade de uma empresa. Quando você compra ações de uma empresa, torna-se acionista e participa dos lucros e prejuízos da empresa.

Exemplo: Se você compra ações da Apple Inc., está adquirindo uma parte da empresa. Se a Apple obtiver lucro, você pode receber dividendos, e se o valor das ações aumentar, o valor do seu investimento também cresce. No entanto, se a empresa enfrentar dificuldades, o valor das ações pode cair, resultando em perdas.

- **Títulos de Renda Fixa**

Definição: São instrumentos de dívida emitidos por governos ou empresas que pagam uma taxa de juros fixa ao investidor e devolvem o capital investido no vencimento.

Exemplo: Um Certificado de Depósito Bancário (CDB) emitido por um banco pode oferecer uma taxa de juros de 5% ao ano. Se você investir R$10.000 em um CDB com vencimento em 2 anos, ao final desse período, você receberá R$10.000 de volta mais R$1.000 de juros.

Exemplo Adicional: Títulos do Tesouro Direto, como o Tesouro Selic, são emitidos pelo governo brasileiro e são uma opção popular para quem busca segurança e liquidez. Eles são ajustados conforme a taxa Selic, a taxa básica de juros da economia.

- **Fundos de Investimento**

Definição: São veículos que reúnem o capital de vários investidores para aplicar em uma variedade de ativos, como ações, títulos, imóveis, entre outros. São geridos por profissionais que tomam as decisões de investimento.

Exemplo: Um Fundo de Ações pode investir em um portfólio diversificado de ações de diferentes empresas. Um exemplo é o Fundo de Ações XP, que busca obter retornos superiores ao índice Ibovespa investindo em ações de empresas de diferentes setores.

Exemplo Adicional: Fundos Imobiliários (FIIs) permitem investir em imóveis sem precisar comprá-los diretamente. Eles pagam dividendos provenientes dos aluguéis recebidos pelos imóveis que possuem.

- **Imóveis**

Definição: Investir em imóveis pode gerar renda através de aluguéis e apreciação do valor do imóvel. Além de adquirir propriedades físicas, você pode investir em fundos imobiliários (FIIs) que possuem e gerenciam imóveis.

Exemplo: Comprar um apartamento para alugar pode gerar uma fonte constante de renda passiva. Se o valor do imóvel aumentar ao longo do tempo, você pode vendê-lo por um preço mais alto, obtendo lucro.

Exemplo Adicional: Fundos Imobiliários (FIIs), como o FII BTG Pactual Logística, permitem investir em um portfólio de imóveis comerciais e logísticos, recebendo dividendos com base na renda gerada por esses imóveis.

- **Criptomoedas**

Definição: Criptomoedas são moedas digitais que utilizam criptografia para segurança e operam em uma rede descentralizada. Elas são conhecidas por sua alta volatilidade e potencial de grandes retornos, bem como grandes perdas.

Exemplo: O Bitcoin é a criptomoeda mais conhecida e tem sido amplamente adotado como uma reserva de valor. Se você comprou 1 Bitcoin quando estava a R$10.000 e o preço subiu para R$200.000, seu investimento teria valorizado significativamente.

Exemplo Adicional: Ethereum é outra criptomoeda popular que oferece funcionalidades adicionais, como contratos inteligentes. Investidores podem buscar lucro na valorização da moeda e no uso de sua plataforma para aplicações descentralizadas.

1.3 Conceitos Básicos de Investimento

- **Diversificação**

Definição: A diversificação envolve distribuir seus investimentos entre diferentes tipos de ativos para reduzir o risco. O objetivo é que a queda em um investimento possa ser compensada pelos ganhos em outros.

Exemplo: Em vez de investir todo o seu dinheiro apenas em ações, você pode diversificar comprando ações de diferentes setores, títulos de renda fixa e fundos imobiliários. Isso ajuda a proteger seu portfólio contra a volatilidade de um único tipo de ativo.

- **Risco e Retorno**

Definição: O risco é a possibilidade de perda de capital ou de não alcançar o retorno esperado. O retorno é o ganho obtido com o investimento. Geralmente, quanto maior o potencial de retorno, maior o risco associado.

Exemplo: Investir em ações de startups pode oferecer altos retornos se a empresa for bem-sucedida, mas também apresenta um alto risco de falência. Em contraste, investimentos em títulos do governo têm menor risco, mas também oferecem retornos mais modestos.

- **Liquidez**

Definição: A liquidez é a facilidade com que um ativo pode ser convertido em dinheiro sem perda significativa de valor. Ativos altamente líquidos podem ser vendidos rapidamente a preços próximos ao valor de mercado.

Exemplo: Ações e títulos públicos geralmente são altamente líquidos porque podem ser vendidos rapidamente no mercado. Em contraste, imóveis são menos líquidos, pois podem levar mais tempo para encontrar um comprador e concluir a venda.

- **Perfil do Investidor**

Definição: O perfil do investidor reflete sua tolerância ao risco e seus objetivos financeiros. Identificar seu perfil é essencial para escolher investimentos que correspondam à sua disposição e capacidade de assumir riscos.

Exemplo: Um investidor conservador pode preferir investimentos de renda fixa, como títulos do governo e CDBs, enquanto um investidor arrojado pode optar por ações e criptomoedas com potencial de alto retorno e maior volatilidade.

1.4 Estratégias de Investimento

- **Investimento de Valor**

Definição: Investimento de valor busca encontrar ações que estão subvalorizadas em relação ao seu valor intrínseco, com o objetivo de comprar barato e vender caro no futuro.

Exemplo: Um investidor de valor pode analisar empresas com baixos índices de preço/lucro (P/L) e comprar ações de empresas que parecem ter potencial de crescimento não refletido no preço atual.

- **Investimento de Crescimento**

Definição: Foca em empresas com alto potencial de crescimento, mesmo que isso signifique pagar um preço mais alto pelas ações no presente. Esses investimentos buscam aproveitar a valorização futura.

Exemplo: Investir em empresas de tecnologia em crescimento, como startups de inteligência artificial, pode oferecer grandes retornos se essas empresas se expandirem rapidamente e aumentarem seus lucros.

- **Investimento de Renda**

Definição: Objetiva gerar uma fonte constante de receita através de dividendos, juros ou aluguéis. Ideal para investidores que buscam estabilidade e fluxo de caixa regular.

Exemplo: Investir em ações que pagam dividendos regulares ou em fundos imobiliários que distribuem rendimentos de aluguéis pode proporcionar uma renda passiva contínua.

1.5 Terminologia Essencial

- **Dividendos**

Definição: Pagamentos periódicos feitos por empresas aos seus acionistas, geralmente provenientes dos lucros da empresa.

Exemplo: Se você possui ações da Petrobras e a empresa declara um dividendo de R$2 por ação, você receberá R$2 por cada ação que possui.

- **Taxa de Juros**

Definição: Percentual pago sobre o valor investido ou emprestado, que pode ser fixo ou variável.

Exemplo: Um CDB com taxa de juros de 6% ao ano significa que, ao final de um ano, você receberá 6% de juros sobre o valor investido, além do capital original.

- **Capitalização**

Definição: O processo pelo qual os lucros são reinvestidos no negócio ou no investimento para gerar mais crescimento.

Exemplo: Se você investe em um fundo que reinveste os dividendos recebidos, esse valor adicional ajuda a aumentar seu saldo de investimento e potencial de retorno futuro.

- **Volatilidade**

Definição: Medida da variação dos preços de um ativo ao longo do tempo. Alta volatilidade indica grandes flutuações de preço.

Exemplo: Criptomoedas como o Bitcoin podem apresentar alta volatilidade, com preços que podem subir ou cair significativamente em curtos períodos, enquanto títulos de renda fixa tendem a ter baixa volatilidade.

1.6 Conclusão

Compreender os fundamentos dos investimentos pessoais é essencial para construir um portfólio bem-sucedido. Agora que você tem uma visão mais detalhada dos diferentes tipos de investimentos e dos conceitos básicos, está pronto para explorar mais profundamente e desenvolver uma estratégia de investimento que se alinhe com seus objetivos financeiros e perfil de risco.

18

Capítulo 2: Definindo Seus Objetivos e Perfil de Investidor

Introdução

Antes de mergulhar no mundo dos investimentos, é crucial entender quais são seus objetivos financeiros e qual é o seu perfil de investidor. Conhecer essas informações ajuda a escolher os investimentos mais adequados e a construir uma estratégia que esteja alinhada com suas necessidades e expectativas. Neste capítulo, exploraremos como definir seus objetivos financeiros e determinar seu perfil de investidor.

2.1 Definindo Seus Objetivos Financeiros

Ter objetivos financeiros claros é fundamental para criar uma estratégia de investimento eficaz. Seus objetivos determinarão quais tipos de investimentos são mais apropriados para você e qual é o horizonte de tempo para seus investimentos.

- **Objetivos de Curto Prazo**

Definição: Objetivos que você pretende alcançar em um período de até 2 anos. Estes objetivos geralmente envolvem necessidades financeiras imediatas ou de curto prazo.

Exemplo: Economizar para uma viagem de férias, um carro novo ou um fundo de emergência. Para esses objetivos, investimentos com alta liquidez e baixo risco, como poupança, CDBs de curto prazo ou fundos de renda fixa, podem ser adequados.

- **Objetivos de Médio Prazo**

Definição: Objetivos com um horizonte de 2 a 10 anos. Esses objetivos podem incluir metas como a compra de uma casa, a educação dos filhos ou uma grande reforma.

Exemplo: Acumular capital para o pagamento de entrada em uma casa. Investimentos como fundos de investimento, títulos de renda fixa ou ações de empresas sólidas podem ser utilizados, dependendo do perfil de risco.

- **Objetivos de Longo Prazo**

Definição: Objetivos que você planeja alcançar em mais de 10 anos. Estes geralmente envolvem metas como aposentadoria ou construção de um patrimônio significativo.

Exemplo: Planejar a aposentadoria. Investimentos de longo prazo, como ações de crescimento, fundos de investimento em ações e planos de previdência, podem ser adequados para maximizar o crescimento do capital ao longo do tempo.

2.2 Determinando Seu Perfil de Investidor

O perfil de investidor é uma combinação de fatores pessoais e financeiros que ajuda a determinar o tipo de investimentos mais apropriados para você. Identificar seu perfil é essencial para alinhar suas expectativas de retorno com sua tolerância ao risco.

- **Perfil Conservador**

Definição: Investidores conservadores preferem investimentos de baixo risco e estão dispostos a aceitar retornos mais modestos em troca de maior segurança e menor volatilidade.

Características:

- Preferem segurança do capital.
- Toleram pouco risco de perda.
- Buscam estabilidade e previsibilidade.

Exemplo: Um investidor conservador pode optar por investir em títulos do governo, CDBs de grandes bancos e fundos de renda fixa, evitando ações e criptomoedas que apresentam alta volatilidade.

- **Perfil Moderado**

Definição: Investidores moderados estão dispostos a assumir um risco controlado para buscar retornos superiores. Eles equilibram investimentos de baixo risco com alguns investimentos mais arriscados.

Características:

- Aceitam algum risco para obter retornos potencialmente mais altos.

- o Buscam uma combinação de segurança e crescimento.
- o Têm um horizonte de investimento médio.

Exemplo: Um investidor moderado pode alocar parte de seu portfólio em ações e fundos imobiliários, enquanto mantém uma parte significativa em títulos e fundos de renda fixa.

- **Perfil Arrojado**

Definição: Investidores arrojados estão dispostos a assumir riscos mais altos em troca de potencial para retornos mais elevados. Eles aceitam alta volatilidade e a possibilidade de perdas significativas.

Características:

- o Aceitam grandes flutuações no valor dos investimentos.
- o Buscam altos retornos e estão confortáveis com o risco.
- o Têm um horizonte de longo prazo.

Exemplo: Um investidor arrojado pode investir predominantemente em ações de empresas emergentes, criptomoedas e startups, buscando crescimento agressivo do capital.

2.3 Avaliando Sua Tolerância ao Risco

A tolerância ao risco é a capacidade de suportar perdas financeiras e a variação no valor dos investimentos. Avaliar sua tolerância ao risco ajuda a garantir que sua estratégia de investimento esteja alinhada com sua capacidade de lidar com a volatilidade do mercado.

- **Autoavaliação**: Pergunte a si mesmo como você reagiria a uma queda significativa no valor do seu portfólio. Você ficaria ansioso ou ficaria confortável com a volatilidade?
- **Teste de Perfil**: Utilize questionários e testes de perfil de investidor oferecidos por instituições financeiras para avaliar sua tolerância ao risco e obter recomendações personalizadas.

2.4 Elaborando um Plano de Investimento

Com base em seus objetivos financeiros e perfil de investidor, você pode começar a elaborar um plano de investimento. Um plano bem-estruturado deve incluir:

- **Alocação de Ativos**: Definir a proporção de seu portfólio que será investida em diferentes classes de ativos, como ações, títulos, imóveis e criptomoedas, de acordo com seu perfil de risco.
- **Horizonte de Tempo**: Estabelecer prazos para alcançar seus objetivos financeiros e escolher investimentos que se alinhem com esses prazos.
- **Monitoramento e Revisão**: Avaliar regularmente seu portfólio e fazer ajustes conforme necessário para garantir que sua estratégia continue a atender seus objetivos e perfil de risco.

2.5 Conclusão

Definir seus objetivos financeiros e entender seu perfil de investidor são passos cruciais para criar uma estratégia de investimento eficaz. Com uma visão clara de suas metas e uma avaliação precisa de sua tolerância ao risco, você estará bem equipado para selecionar investimentos que alinhem com suas necessidades e expectativas.

Capítulo 3: Estratégias de Investimento e Construção de Portfólio

Introdução

Desenvolver uma estratégia de investimento e construir um portfólio sólido são etapas fundamentais para alcançar seus objetivos financeiros. Uma estratégia bem elaborada considera seu perfil de risco, horizonte de tempo e metas específicas. Neste capítulo, vamos explorar diversas estratégias de investimento e fornecer orientações práticas para construir e gerenciar seu portfólio de forma eficaz.

3.1 Estratégias de Investimento

- **Investimento em Valor**

Definição: A estratégia de investimento em valor envolve identificar ações que estão subvalorizadas em relação ao seu valor intrínseco. Os investidores de valor buscam comprar ações a um preço abaixo do seu valor real e esperar que o mercado reconheça o valor real ao longo do tempo.

Exemplo: Suponha que uma empresa sólida, com fundamentos fortes e perspectivas de crescimento estável, esteja sendo negociada a um preço baixo devido a um evento temporário. Um investidor de valor pode comprar essas ações com a expectativa de que o preço subirá quando o mercado reconhecer o valor verdadeiro da empresa.

- **Investimento em Crescimento**

Definição: A estratégia de investimento em crescimento concentra-se em investir em empresas que têm potencial significativo para crescer acima da média do mercado. Esses investimentos geralmente são mais voláteis, mas oferecem oportunidades de crescimento rápido.

Exemplo: Investir em ações de startups de tecnologia que estão inovando em áreas emergentes, como inteligência artificial ou biotecnologia. Embora essas ações possam ter uma alta volatilidade, o potencial de crescimento pode resultar em retornos substanciais no longo prazo.

- **Investimento de Renda**

Definição: A estratégia de investimento de renda foca na geração de uma fonte regular de receita, seja através de dividendos, juros ou aluguéis. Esse tipo de investimento é ideal para quem busca estabilidade e um fluxo de caixa constante.

Exemplo: Investir em ações que pagam dividendos regulares ou em fundos imobiliários que distribuem rendimentos de aluguéis. Esses investimentos proporcionam uma renda passiva que pode ser reinvestida ou utilizada para cobrir despesas.

- **Investimento em Índices**

Definição: A estratégia de investimento em índices envolve a compra de fundos que replicam o desempenho de um índice de mercado específico, como o Ibovespa ou o S&P 500. Essa abordagem permite diversificação instantânea e baixo custo.

Exemplo: Investir em um ETF (Exchange-Traded Fund) que acompanha o índice Bovespa. Esse ETF inclui uma variedade de ações que compõem o índice, proporcionando exposição a um portfólio diversificado de empresas brasileiras.

- **Investimento em Valor Relativo**

Definição: A estratégia de valor relativo, ou arbitragem, busca explorar discrepâncias nos preços de ativos similares ou relacionados para obter lucro. Essa abordagem envolve a compra e venda de ativos baseando-se em suas avaliações relativas.

Exemplo: Comprar ações de uma empresa que está subvalorizada em relação a seus pares do setor e vender ações de uma empresa que está supervalorizada. O objetivo é capturar a diferença entre as avaliações dos ativos.

3.2 Construção e Gestão de um Portfólio

- **Alocação de Ativos**

Definição: A alocação de ativos é o processo de dividir seu portfólio entre diferentes classes de ativos, como ações, títulos, imóveis e liquidez, para atingir um equilíbrio entre risco e retorno.

Exemplo: Um portfólio pode ser composto por 60% em ações, 30% em títulos de renda fixa e 10% em fundos imobiliários. A alocação específica deve refletir seu perfil de risco e objetivos financeiros.

Exemplo Adicional: Para um investidor conservador, a alocação pode ser 20% em ações, 70% em títulos e 10% em liquidez. Já para um investidor arrojado, a alocação pode ser 80% em ações, 10% em títulos e 10% em criptomoedas.

- **Diversificação**

Definição: Diversificação é a prática de espalhar seus investimentos entre diferentes ativos e setores para reduzir o risco. Ao diversificar, você diminui a dependência de um único ativo ou setor.

Exemplo: Em vez de investir todo o seu capital em ações de tecnologia, você pode diversificar seu portfólio incluindo ações de setores diferentes, como saúde, finanças e energia, além de adicionar títulos e imóveis.

Exemplo Adicional: Diversificar dentro da classe de ações também é importante. Investir em ações de empresas de diferentes tamanhos (blue chips, mid caps e small caps) e regiões geográficas pode reduzir o risco associado a um único mercado.

- **Rebalanceamento**

Definição: O rebalanceamento envolve ajustar a composição do seu portfólio para manter a alocação de ativos desejada. Isso é feito periodicamente para realinhar a exposição ao risco conforme as mudanças no mercado e nas condições econômicas.

Exemplo: Se o valor das ações no seu portfólio aumentou significativamente e agora representa 70% do total, enquanto sua alocação desejada era 60%, você pode vender parte das ações e reinvestir em títulos ou fundos imobiliários para retornar à alocação original.

- **Gestão de Risco**

Definição: A gestão de risco envolve identificar, avaliar e mitigar os riscos associados aos seus investimentos. Técnicas de gestão de risco incluem o uso de stop-loss, limites de exposição e diversificação.

Exemplo: Usar ordens de stop-loss para vender automaticamente um ativo se seu preço cair abaixo de um determinado valor, limitando suas perdas. Além disso, diversificar seus investimentos para evitar a concentração em um único ativo ou setor reduz o risco geral do portfólio.

3.3 Estratégias de Investimento em Diferentes Cenários Econômicos

- **Mercados em Alta**

Definição: Em um mercado em alta, os preços dos ativos estão subindo, e a confiança dos investidores é alta. Estratégias de crescimento e de investimento em valor podem ser eficazes.

Exemplo: Investir em ações de empresas que estão se beneficiando da expansão econômica e do aumento dos lucros. Adicionar ações de empresas emergentes que podem ter um crescimento acelerado durante um período de alta do mercado.

- **Mercados em Baixa**

Definição: Em um mercado em baixa, os preços dos ativos estão caindo, e a confiança dos investidores é baixa. Estratégias conservadoras e de proteção, como alocar mais em títulos e ativos defensivos, podem ser apropriadas.

Exemplo: Investir em ativos de renda fixa ou setores defensivos, como utilidades e saúde, que tendem a ser menos afetados pelas quedas no mercado. Considerar o uso de fundos de investimento que se concentram em ativos de baixo risco.

- **Mercados Voláteis**

Definição: Em mercados voláteis, os preços dos ativos flutuam significativamente, e o risco de perda é maior. Estratégias de proteção e diversificação são cruciais para gerenciar a volatilidade.

Exemplo: Utilizar opções de venda (puts) para proteger o valor do portfólio contra quedas acentuadas. Diversificar amplamente e manter uma reserva de liquidez pode ajudar a enfrentar as flutuações de mercado.

3.4 Avaliação e Monitoramento do Portfólio

- **Avaliação de Desempenho**

Definição: Avaliar o desempenho do portfólio envolve medir o retorno dos investimentos e compará-lo com benchmarks ou objetivos estabelecidos. Isso ajuda a determinar se sua estratégia está atingindo os resultados desejados.

Exemplo: Comparar o retorno anual do seu portfólio com o índice Ibovespa para avaliar o desempenho relativo. Se o retorno do seu portfólio estiver abaixo do índice, pode ser necessário ajustar sua estratégia.

- **Ajustes e Correções**

Definição: Ajustar e corrigir seu portfólio envolve fazer mudanças com base na avaliação de desempenho e nas mudanças nas condições do mercado ou em seus objetivos financeiros.

Exemplo: Se uma ação específica tem um desempenho abaixo do esperado, você pode decidir vender essa ação e reinvestir os recursos em ativos que estejam alinhados com suas metas e perfil de risco.

3.5 Conclusão

Desenvolver e implementar uma estratégia de investimento eficaz e construir um portfólio bem equilibrado são passos essenciais para alcançar seus objetivos financeiros. Com uma compreensão clara das estratégias de investimento e das técnicas de gestão de portfólio, você estará mais bem preparado para tomar decisões informadas e maximizar seus retornos enquanto gerencia os riscos associados.

Capítulo 4: Análise e Seleção de Investimentos

Introdução

Selecionar os investimentos certos é uma parte crucial do processo de investimento. A análise adequada ajuda a identificar oportunidades e a evitar riscos desnecessários. Neste capítulo, exploraremos as principais abordagens e ferramentas de análise para ajudar você a selecionar investimentos que estejam alinhados com seus objetivos e perfil de investidor.

4.1 Análise Fundamental

A análise fundamental é um método que avalia o valor intrínseco de um ativo com base em fatores econômicos e financeiros subjacentes. Este tipo de análise é essencial para investidores que buscam entender a saúde e o potencial de crescimento de um ativo.

- **Avaliação de Ações**

Definição: A análise fundamental de ações envolve examinar a saúde financeira e o potencial de crescimento de uma empresa. Isso inclui a análise de demonstrações financeiras, balanços patrimoniais e indicadores-chave.

Exemplo: Para avaliar uma empresa de tecnologia, você pode analisar seus relatórios financeiros, como receita, lucro líquido e fluxo de caixa. Além disso, indicadores como o P/E (Price-to-Earnings Ratio) e o ROE (Return on Equity) ajudam a avaliar se a ação está subvalorizada ou sobrevalorizada em relação ao seu valor intrínseco.

- **Análise de Títulos**

Definição: A análise fundamental de títulos foca na capacidade do emissor de honrar suas obrigações de pagamento. Isso inclui a avaliação da qualidade do crédito do emissor e das condições econômicas.

Exemplo: Para avaliar um título corporativo, você pode examinar a classificação de crédito do emissor fornecida por agências de classificação, como Moody's ou Standard & Poor's. Além disso, considerar a relação dívida/patrimônio e a capacidade de geração de fluxo de caixa da empresa pode ajudar a determinar o risco associado ao título.

- **Análise de Fundos Imobiliários**

Definição: A análise fundamental de fundos imobiliários envolve avaliar a qualidade dos imóveis no portfólio, a gestão do fundo e a sustentabilidade dos rendimentos.

Exemplo: Para analisar um fundo imobiliário, você pode revisar a qualidade dos imóveis que compõem o portfólio, a taxa de vacância, a localização dos imóveis e a experiência da equipe de gestão. Além disso, examinar o histórico de rendimentos e a política de distribuição de dividendos pode ajudar a avaliar a atratividade do fundo.

4.2 Análise Técnica

A análise técnica é um método que utiliza gráficos e dados históricos de preços para prever movimentos futuros dos preços. Essa abordagem é útil para identificar padrões e tendências no mercado.

- **Gráficos e Tendências**

Definição: Os gráficos de preços mostram o histórico de preços de um ativo e podem ajudar a identificar padrões e tendências. Tendências de alta, baixa e lateralidade fornecem informações sobre a direção futura dos preços.

Exemplo: Usar gráficos de velas para identificar padrões como "candelabro martelo" ou "engolfo de alta" pode fornecer sinais sobre possíveis reversões de tendência. Identificar uma tendência de alta consistente pode ajudar a decidir o momento ideal para comprar um ativo.

- **Indicadores Técnicos**

Definição: Indicadores técnicos são ferramentas matemáticas baseadas em preços e volumes de negociação que ajudam a analisar o comportamento do mercado.

Exemplo: Indicadores como a Média Móvel (MA) e o Índice de Força Relativa (RSI) são amplamente utilizados para avaliar a força e a direção de uma tendência. A MA pode suavizar os dados de preços para identificar tendências, enquanto o RSI pode indicar condições de sobrecompra ou sobrevenda.

- **Análise de Volume**

Definição: A análise de volume examina o número de ações ou contratos negociados durante um período específico para confirmar tendências e padrões.

Exemplo: Aumento no volume durante uma tendência de alta pode confirmar a força da tendência. Se o volume aumenta durante uma quebra de resistência, pode indicar que o movimento é forte e sustentável.

4.3 Avaliação de Risco e Retorno

Avaliar o risco e o retorno de um investimento é essencial para garantir que ele se alinhe com seu perfil de investidor e objetivos financeiros.

- **Risco**

Definição: O risco é a possibilidade de perda ou variação adversa no valor do investimento. Existem diferentes tipos de risco, incluindo risco de mercado, risco de crédito e risco de liquidez.

Exemplo: Investimentos em ações de startups podem ter um alto risco devido à volatilidade e incerteza. Em contraste, investimentos em títulos do governo tendem a ter um risco mais baixo.

- **Retorno**

Definição: O retorno é o ganho ou perda de um investimento ao longo do tempo. Pode ser medido em termos absolutos ou relativos.

Exemplo: O retorno total de um investimento inclui tanto a valorização do preço do ativo quanto os dividendos ou juros recebidos. A comparação de retornos de diferentes ativos pode ajudar a identificar oportunidades que oferecem melhores perspectivas de crescimento.

- **Relação Risco/Retorno**

Definição: A relação risco/retorno mede o equilíbrio entre o risco assumido e o retorno esperado de um investimento. Uma relação favorável indica que o retorno justifica o risco.

Exemplo: Investimentos em ações de crescimento podem oferecer altos retornos, mas também apresentam riscos elevados. Avaliar a relação risco/retorno ajuda a escolher investimentos que oferecem um bom equilíbrio entre risco e recompensa.

4.4 Avaliação de Investimentos Alternativos

Investimentos alternativos são opções fora das categorias tradicionais de ações e títulos e podem oferecer diversificação e oportunidades únicas.

- **Criptomoedas**

Definição: Criptomoedas são moedas digitais que utilizam criptografia para garantir transações. Elas podem ser altamente voláteis e oferecem potencial para altos retornos.

Exemplo: Investir em Bitcoin ou Ethereum pode proporcionar grandes oportunidades de crescimento, mas também está sujeito a alta volatilidade e riscos regulatórios. Avaliar a tecnologia e o potencial de adoção é crucial para investimentos em criptomoedas.

- **Commodities**

Definição: Commodities são bens físicos como ouro, petróleo e produtos agrícolas que são negociados em mercados de futuros. Esses ativos podem servir como proteção contra a inflação e volatilidade econômica.

Exemplo: Investir em ouro pode atuar como um hedge contra a inflação e a volatilidade dos mercados financeiros. Commodities agrícolas, como milho e soja, podem ser impactadas por condições climáticas e políticas comerciais.

- **Investimentos em Arte e Colecionáveis**

Definição: Investimentos em arte e colecionáveis envolvem a compra de itens raros e valiosos, como obras de arte, moedas antigas e vinhos finos. Esses investimentos podem oferecer valorização a longo prazo.

Exemplo: Comprar uma pintura de um artista renomado pode valorizar significativamente ao longo do tempo. No entanto, esses investimentos podem ser menos líquidos e exigir conhecimento especializado para avaliar o valor.

4.5 Ferramentas e Recursos para Análise de Investimentos

Utilizar ferramentas e recursos apropriados pode facilitar a análise e seleção de investimentos.

- **Plataformas de Negociação e Análise**

Definição: Plataformas de negociação fornecem acesso a dados de mercado, gráficos e ferramentas de análise.

Exemplo: Plataformas como Bloomberg, Yahoo Finance e TradingView oferecem gráficos interativos, dados financeiros e análises técnicas para ajudar na seleção de investimentos.

- **Relatórios e Análises de Mercado**

Definição: Relatórios e análises fornecidos por analistas financeiros e instituições de pesquisa ajudam a entender as perspectivas de mercado e as tendências.

Exemplo: Relatórios trimestrais de empresas e análises de mercado publicadas por bancos de investimento ou corretoras oferecem insights detalhados sobre o desempenho e as perspectivas de diferentes ativos.

4.6 Conclusão

A análise e seleção de investimentos são etapas essenciais para construir um portfólio bem-sucedido. Compreender as metodologias de análise fundamental e técnica, avaliar risco e retorno, e utilizar ferramentas e recursos adequados permite tomar decisões informadas e alinhadas com seus objetivos financeiros e perfil de investidor.

Capítulo 5: Estratégias de Investimento

Introdução

Desenvolver uma estratégia de investimento eficaz é fundamental para alcançar objetivos financeiros. As estratégias podem variar dependendo dos objetivos, horizonte de tempo e tolerância ao risco. Neste capítulo, exploraremos as principais estratégias de investimento, fornecendo exemplos práticos e orientações sobre como aplicá-las.

5.1 Estratégias de Investimento de Longo Prazo

Investimentos de longo prazo visam acumular riqueza ao longo de vários anos ou décadas, aproveitando o poder dos juros compostos e o crescimento do capital.

- **Investimento em Ações de Crescimento**

Definição: A estratégia de investimento em ações de crescimento foca em empresas com potencial de crescimento acelerado, muitas vezes com altos retornos futuros esperados.

Exemplo: Investir em ações de empresas tecnológicas emergentes, como startups em setores inovadores, pode oferecer retornos significativos a longo prazo. Por exemplo, ações de empresas como Amazon ou Tesla, quando compradas há vários anos, mostraram um crescimento substancial.

Considerações: Essas ações podem ter alta volatilidade e risco, mas oferecem potencial para valorização significativa. É importante realizar pesquisas extensivas e ter paciência para resistir às flutuações do mercado.

- **Investimento em Fundos de Índice**

Definição: Fundos de índice replicam o desempenho de um índice de mercado, como o S&P 500. Eles oferecem uma forma passiva de investir com diversificação.

Exemplo: Investir em um fundo que acompanha o S&P 500 permite que você obtenha exposição a uma ampla gama de grandes empresas americanas, beneficiando-se do crescimento geral do mercado.

Considerações: Fundos de índice geralmente têm baixas taxas de administração e proporcionam diversificação automática, o que pode reduzir o risco em comparação com a compra de ações individuais.

- **Plano de Previdência e Poupança para Aposentadoria**

Definição: Investimentos em planos de previdência, como planos 401(k) ou IRAs, são destinados a garantir uma aposentadoria confortável. Esses planos oferecem benefícios fiscais e crescimento de longo prazo.

Exemplo: Contribuir regularmente para um plano 401(k) com correspondência do empregador pode ajudar a acumular uma poupança significativa para a aposentadoria, aproveitando tanto as contribuições quanto os rendimentos de longo prazo.

Considerações: A contribuição constante e a escolha adequada de alocações de ativos são essenciais para maximizar os benefícios desses planos.

5.2 Estratégias de Investimento de Curto Prazo

Investimentos de curto prazo visam obter retornos em um período menor, geralmente menos de cinco anos. Essas estratégias podem ser mais arriscadas e exigem monitoramento constante.

- **Trading de Ações**

Definição: O trading de ações envolve a compra e venda de ações em um curto período, aproveitando flutuações de preços para obter lucro.

Exemplo: Um trader pode comprar ações de uma empresa com base em notícias recentes e vendê-las quando o preço aumenta. Esta estratégia exige acompanhamento constante do mercado e análise técnica.

Considerações: O trading pode ser lucrativo, mas também apresenta altos riscos e exige um bom conhecimento do mercado e habilidades técnicas. Os custos de transação e impostos também podem impactar os lucros.

- **Investimento em Fundos de Curto Prazo**

Definição: Fundos de curto prazo investem em títulos e outros ativos com vencimentos próximos, buscando preservar o capital e gerar retornos modestos.

Exemplo: Investir em um fundo do mercado monetário ou um fundo de títulos de curto prazo pode fornecer liquidez e estabilidade, ideal para investidores que precisam acessar seu dinheiro em breve.

Considerações: Esses fundos geralmente têm retornos mais baixos, mas oferecem maior segurança e menor volatilidade.

- **Arbitragem e Estratégias de Diferença de Preço**

Definição: Arbitragem envolve explorar diferenças de preços entre mercados ou ativos para obter lucro. As estratégias de diferença de preço podem aproveitar ineficiências temporárias no mercado.

Exemplo: Se um ativo é negociado a um preço mais baixo em uma bolsa e a um preço mais alto em outra, um investidor pode comprar na bolsa mais barata e vender na mais cara para lucrar com a diferença.

Considerações: A arbitragem pode ser lucrativa, mas requer acesso a informações e plataformas de negociação rápidas e precisas. Os lucros podem ser pequenos e a competição pode ser intensa.

5.3 Estratégias de Diversificação

A diversificação é uma estratégia que envolve a alocação de investimentos em diferentes ativos para reduzir o risco e melhorar o equilíbrio do portfólio.

- **Diversificação de Ativos**

Definição: Diversificar ativos significa distribuir investimentos entre diferentes classes de ativos, como ações, títulos, imóveis e commodities.

Exemplo: Um portfólio diversificado pode incluir ações de tecnologia, títulos do governo, imóveis e ouro, o que reduz a exposição ao risco de qualquer ativo individual.

Considerações: A diversificação pode ajudar a minimizar o impacto das flutuações de um único ativo, mas não elimina o risco completamente.

- **Diversificação Geográfica**

Definição: Diversificação geográfica envolve investir em mercados e regiões diferentes para reduzir a exposição ao risco de um único país ou economia.

Exemplo: Investir em ações de empresas europeias, asiáticas e americanas pode proteger contra riscos econômicos específicos de uma região.

Considerações: A diversificação geográfica pode ajudar a capturar oportunidades de crescimento global e mitigar riscos regionais.

- **Diversificação por Setor**

Definição: Diversificar por setor significa investir em diferentes setores da economia, como tecnologia, saúde, energia e finanças.

Exemplo: Um portfólio diversificado por setor pode incluir ações de empresas de tecnologia, como Apple, e empresas de saúde, como Johnson & Johnson, para equilibrar o risco.

Considerações: A diversificação por setor pode reduzir a volatilidade do portfólio, mas é importante acompanhar as tendências do setor e ajustar as alocações conforme necessário.

5.4 Estratégias de Alocação de Ativos

A alocação de ativos é o processo de distribuir investimentos entre diferentes classes de ativos para alcançar um equilíbrio entre risco e retorno.

- **Alocação Baseada em Objetivos**

Definição: A alocação de ativos pode ser ajustada com base nos objetivos financeiros do investidor, como aposentadoria, compra de uma casa ou educação dos filhos.

Exemplo: Um investidor jovem com um horizonte de longo prazo pode ter uma alocação mais agressiva em ações, enquanto alguém próximo da aposentadoria pode optar por uma alocação mais conservadora com mais títulos e investimentos de baixo risco.

Considerações: A alocação deve ser revisada regularmente para garantir que continue alinhada com os objetivos e mudanças na situação financeira.

- **Alocação Tática e Estratégica**

Definição: A alocação estratégica envolve definir uma alocação de longo prazo com base nos objetivos e perfil de risco, enquanto a alocação tática ajusta a alocação com base em condições de mercado de curto prazo.

Exemplo: Uma alocação estratégica pode ser 60% em ações e 40% em títulos, enquanto a alocação tática pode ajustar a exposição a ações ou títulos com base em previsões econômicas ou tendências de mercado.

Considerações: A alocação tática pode oferecer oportunidades de melhorar o desempenho, mas requer habilidades analíticas e pode aumentar a complexidade do portfólio.

5.5 Conclusão

Desenvolver uma estratégia de investimento eficaz é crucial para alcançar seus objetivos financeiros. Compreender e aplicar estratégias de longo prazo e curto prazo, diversificação e alocação de ativos pode ajudar a construir um portfólio sólido e alinhado com seus objetivos e perfil de risco. A chave é ajustar suas estratégias conforme necessário e manter um foco claro em seus objetivos financeiros.

40

Capítulo 6: Gestão de Risco e Avaliação de Performance

Introdução

A gestão de risco e a avaliação de performance são componentes essenciais para qualquer estratégia de investimento. Enquanto a gestão de risco envolve identificar e mitigar riscos potenciais, a avaliação de performance permite medir a eficácia das suas decisões de investimento. Neste capítulo, exploraremos como gerenciar riscos e avaliar o desempenho do seu portfólio para garantir que você esteja no caminho certo para atingir seus objetivos financeiros.

6.1 Gestão de Risco

A gestão de risco é o processo de identificar, analisar e controlar os riscos associados aos investimentos. O objetivo é minimizar a probabilidade e o impacto de eventos negativos que podem afetar negativamente o portfólio.

- **Identificação de Riscos**

Definição: Identificar riscos envolve reconhecer os possíveis fatores que podem afetar o desempenho dos seus investimentos.

Exemplo: Os riscos podem incluir volatilidade do mercado, risco de crédito, risco de liquidez e risco cambial. Por exemplo, investir em ações de uma empresa com problemas financeiros pode resultar em risco de crédito.

Considerações: Realizar uma análise detalhada dos investimentos e do mercado pode ajudar a identificar e antecipar esses riscos.

- **Análise de Risco**

Definição: Analisar riscos envolve avaliar a probabilidade e o impacto potencial dos riscos identificados.

Exemplo: O risco de volatilidade do mercado pode ser analisado por meio da análise histórica de preços e da avaliação da estabilidade econômica global. Usar ferramentas como o desvio padrão e o beta pode ajudar a entender a volatilidade das ações em relação ao mercado.

Considerações: Utilizar modelos de análise de risco pode fornecer uma visão mais clara sobre o impacto potencial de diferentes riscos.

- **Controle de Risco**

Definição: Controlar riscos envolve implementar estratégias para minimizar a exposição aos riscos identificados.

Exemplo: Diversificar o portfólio é uma estratégia comum para controlar o risco. Investir em uma combinação de ações, títulos e imóveis pode reduzir a exposição a um único ativo ou setor.

Considerações: Outras estratégias incluem o uso de stop-loss, hedge e seguros de risco. Monitorar o portfólio regularmente e ajustar as alocações conforme necessário também é crucial.

6.2 Avaliação de Performance

A avaliação de performance é o processo de medir e analisar o desempenho dos investimentos para garantir que eles estão alinhados com seus objetivos financeiros.

- **Medidas de Desempenho**

Definição: As medidas de desempenho ajudam a quantificar o retorno dos investimentos e a comparação com benchmarks.

Exemplo: O retorno absoluto é a medida básica de desempenho, calculada como a variação percentual no valor do investimento. O retorno relativo compara o desempenho do investimento com um índice de referência, como o S&P 500.

Considerações: Outras métricas incluem o retorno ajustado ao risco, que considera o risco associado ao investimento, e o índice de Sharpe, que mede o retorno excessivo em relação à volatilidade.

- **Análise de Desempenho**

Definição: Analisar o desempenho envolve examinar o retorno dos investimentos e identificar fatores que contribuíram para o sucesso ou fracasso.

Exemplo: Se um fundo de investimento teve um desempenho inferior ao índice de referência, é importante analisar as decisões de investimento, a alocação de ativos e as condições de mercado que influenciaram o resultado.

Considerações: Realizar uma análise de desempenho regular pode ajudar a identificar padrões e áreas de melhoria. Avaliar a gestão ativa versus passiva e considerar a eficiência do gestor do fundo também são aspectos importantes.

- **Ajuste de Estratégias**

Definição: Ajustar estratégias envolve modificar a abordagem de investimento com base na avaliação de desempenho e nas mudanças nas condições do mercado.

Exemplo: Se um setor específico está superando o mercado, pode ser benéfico aumentar a exposição a esse setor. Da mesma forma, se uma estratégia de investimento está consistentemente abaixo da média, revisar e ajustar a estratégia pode ser necessário.

Considerações: Ajustar estratégias deve ser feito com base em dados e análises, evitando decisões emocionais. Manter uma visão de longo prazo e evitar mudanças frequentes com base em flutuações de curto prazo é essencial para uma gestão eficaz.

6.3 Ferramentas e Recursos para Gestão de Risco e Avaliação de Performance

- **Softwares e Plataformas de Investimento**

Definição: Utilizar softwares e plataformas especializadas pode facilitar a análise e gestão do portfólio.

Exemplo: Plataformas como Bloomberg Terminal, Morningstar, e softwares de gerenciamento de portfólio podem fornecer análises detalhadas e dados atualizados sobre investimentos e riscos.

Considerações: Escolher ferramentas que se ajustem às suas necessidades e que ofereçam funcionalidades adequadas para a análise e gestão de riscos e desempenho é importante.

- **Consultores e Assessores Financeiros**

Definição: Consultores e assessores financeiros podem fornecer orientação especializada e ajudar a implementar estratégias de gestão de risco e avaliação de desempenho.

Exemplo: Trabalhar com um consultor financeiro pode ajudar a criar um plano de investimento personalizado e fornecer insights sobre o mercado e a gestão de riscos.

Considerações: Certifique-se de que o consultor é qualificado e possui uma boa reputação. Avalie suas taxas e serviços para garantir que atendam às suas necessidades.

Conclusão

Gerenciar riscos e avaliar a performance são aspectos cruciais da gestão de investimentos. Identificar, analisar e controlar riscos pode ajudar a proteger seu portfólio de perdas significativas, enquanto a avaliação de desempenho permite medir a eficácia das suas estratégias e fazer ajustes conforme necessário. Utilizar ferramentas e buscar orientação profissional pode aprimorar sua capacidade de tomar decisões informadas e alcançar seus objetivos financeiros.

Capítulo 7: Psicologia do Investidor e Comportamento Financeiro

Introdução

A psicologia do investidor desempenha um papel crucial nas decisões financeiras. As emoções e o comportamento podem afetar significativamente a forma como os investidores tomam decisões, muitas vezes levando a escolhas subótimas. Neste capítulo, exploraremos como a psicologia influencia os investimentos e forneceremos estratégias para gerenciar esses aspectos e tomar decisões mais racionais.

7.1 Compreendendo o Comportamento do Investidor

O comportamento dos investidores é frequentemente influenciado por uma série de fatores psicológicos e emocionais, que podem levar a decisões não racionais e à criação de bolhas e crises no mercado.

- **Viés de Confirmação**

Definição: O viés de confirmação ocorre quando os investidores buscam e favorecem informações que confirmam suas crenças pré-existentes, ignorando evidências que contradizem essas crenças.

Exemplo: Um investidor que acredita que uma ação específica está subvalorizada pode focar apenas em análises que sustentam essa crença e ignorar relatórios negativos ou dados que sugerem o contrário.

Considerações: Para mitigar esse viés, é importante procurar informações de diversas fontes e considerar todas as perspectivas antes de tomar decisões de investimento.

- **Viés de Ancoragem**

Definição: O viés de ancoragem ocorre quando os investidores baseiam suas decisões em informações iniciais ou números arbitrários, mesmo que esses dados sejam irrelevantes.

Exemplo: Um investidor pode manter um ativo baseado no preço de compra original, mesmo quando as condições do mercado indicam que é hora de vender.

Considerações: Avaliar investimentos com base em dados e condições atuais, em vez de preços passados ou números iniciais, pode ajudar a tomar decisões mais informadas.

- **Efeito de Manada**

Definição: O efeito de manada ocorre quando os investidores seguem o comportamento da maioria, muitas vezes ignorando sua própria análise e raciocínio.

Exemplo: Durante uma bolha do mercado, muitos investidores compram ações devido ao entusiasmo generalizado, mesmo que os fundamentos não justifiquem o preço.

Considerações: É crucial desenvolver uma estratégia de investimento pessoal e resistir à pressão para seguir a multidão. A pesquisa e a análise independente são essenciais para tomar decisões racionais.

7.2 Emoções e Decisões de Investimento

As emoções podem desempenhar um papel significativo nas decisões de investimento, levando a ações impulsivas e a comportamentos prejudiciais.

- **Medo e Ganância**

Definição: O medo e a ganância são emoções poderosas que podem influenciar as decisões de investimento, muitas vezes levando a escolhas impulsivas e irracionais.

Exemplo: Durante uma queda de mercado, o medo pode levar a vendas precipitadas, enquanto a ganância pode incentivar investimentos excessivos em ativos de alto risco durante um mercado em alta.

Considerações: Desenvolver um plano de investimento claro e aderir a ele pode ajudar a controlar essas emoções. Estabelecer metas e limites pode ajudar a manter o foco e evitar decisões impulsivas.

- **Overconfidence (Excesso de Confiança)**

Definição: O excesso de confiança ocorre quando os investidores superestimam suas habilidades e conhecimento, levando a decisões arriscadas e subestimação dos riscos.

Exemplo: Um investidor que teve sucesso recente pode assumir que suas previsões sempre serão corretas, levando a investimentos mais arriscados e menos diversificados.

Considerações: Manter uma abordagem realista e basear as decisões em dados e análises, em vez de confiar apenas na intuição, pode ajudar a mitigar os efeitos do excesso de confiança.

7.3 Estratégias para Gerenciar o Comportamento e as Emoções

Desenvolver estratégias para gerenciar o comportamento e as emoções pode melhorar significativamente a tomada de decisões de investimento.

- **Estabelecimento de Regras e Planos**

Definição: Estabelecer regras claras e um plano de investimento pode ajudar a reduzir a influência das emoções nas decisões financeiras.

Exemplo: Criar um plano de investimento que defina critérios específicos para comprar e vender ativos pode ajudar a evitar decisões impulsivas baseadas em emoções de curto prazo.

Considerações: Revisar e ajustar o plano regularmente, com base em mudanças nas metas e nas condições do mercado, pode garantir que ele continue alinhado com os objetivos financeiros.

- **Uso de Ferramentas de Monitoramento e Avaliação**

Definição: Utilizar ferramentas de monitoramento e avaliação pode ajudar a acompanhar o desempenho do portfólio e identificar comportamentos que precisam ser ajustados.

Exemplo: Plataformas de gerenciamento de portfólio e análises financeiras podem fornecer relatórios detalhados e alertas que ajudam a manter o foco e a evitar decisões baseadas em emoções.

Considerações: Monitorar o portfólio regularmente e revisar o desempenho pode ajudar a identificar padrões e ajustar as estratégias conforme necessário.

- **Consultoria Profissional**

Definição: Trabalhar com consultores financeiros pode fornecer uma perspectiva externa e objetiva, ajudando a superar os vieses emocionais e comportamentais.

Exemplo: Um consultor financeiro pode ajudar a desenvolver uma estratégia de investimento personalizada e fornecer orientação durante períodos de alta volatilidade ou incerteza.

Considerações: Escolher um consultor com experiência e uma abordagem alinhada com seus objetivos pode proporcionar suporte valioso na tomada de decisões financeiras.

Conclusão

A psicologia do investidor e o comportamento financeiro têm um impacto profundo nas decisões de investimento. Compreender os vieses emocionais e comportamentais e adotar estratégias para gerenciar essas influências pode levar a decisões mais racionais e eficazes. Desenvolver um plano de investimento claro, usar ferramentas de monitoramento e buscar orientação profissional são passos importantes para melhorar a tomada de decisões e alcançar seus objetivos financeiros.

Capítulo 8: Planejamento de Aposentadoria e Previdência

Introdução

O planejamento de aposentadoria é uma parte crucial da gestão financeira pessoal. Garantir que você tenha recursos suficientes para uma aposentadoria confortável exige planejamento e estratégia. Neste capítulo, exploraremos os diferentes tipos de planos de previdência, estratégias para o planejamento da aposentadoria e como garantir que você esteja preparado para uma aposentadoria segura e financeiramente estável.

8.1 Tipos de Planos de Previdência

Existem várias opções para o planejamento de aposentadoria, cada uma com suas próprias características e benefícios.

- **Planos de Previdência Privada**

Definição: Os planos de previdência privada são investimentos destinados a fornecer uma fonte de renda na aposentadoria. Eles podem ser oferecidos por instituições financeiras ou por empresas de seguros.

Exemplo: Um plano de previdência privada, como um PGBL (Plano Gerador de Benefício Livre) ou VGBL (Vida Gerador de Benefício Livre), permite que os investidores contribuam com uma quantia fixa mensalmente e recebam um benefício durante a aposentadoria. Esses planos podem oferecer vantagens fiscais e são uma forma popular de garantir uma renda adicional na aposentadoria.

Considerações: É importante considerar as taxas, a flexibilidade e os benefícios fiscais oferecidos por cada plano ao escolher a opção mais adequada.

- **Fundos de Pensão**

Definição: Fundos de pensão são programas de aposentadoria oferecidos por empregadores ou entidades governamentais, que acumulam fundos para fornecer benefícios de aposentadoria aos participantes.

Exemplo: Um fundo de pensão corporativo pode fornecer benefícios de aposentadoria baseados em um percentual do salário final do empregado ou em uma fórmula de benefícios definidos. Esses fundos geralmente são geridos por profissionais e podem oferecer uma segurança adicional para a aposentadoria.

Considerações: Avaliar a solidez financeira do fundo e a cobertura oferecida é essencial para garantir a segurança dos benefícios de aposentadoria.

- **Previdência Social**

Definição: A previdência social é um sistema de seguridade social administrado pelo governo que oferece benefícios de aposentadoria e outros tipos de assistência.

Exemplo: No Brasil, o Instituto Nacional do Seguro Social (INSS) oferece benefícios de aposentadoria com base nas contribuições realizadas ao longo da vida laboral. O valor dos benefícios depende do tempo de contribuição e da média salarial.

Considerações: Embora a previdência social seja uma fonte importante de renda na aposentadoria, é aconselhável complementá-la com outros planos e investimentos para garantir uma aposentadoria confortável.

8.2 Estratégias para Planejamento de Aposentadoria

Planejar para a aposentadoria exige a consideração de vários fatores, incluindo metas financeiras, necessidades futuras e opções de investimento.

- **Definição de Metas de Aposentadoria**

Definição: Definir metas de aposentadoria envolve determinar quanto dinheiro será necessário para viver confortavelmente após a aposentadoria.

Exemplo: Calcular o custo de vida estimado durante a aposentadoria, considerando despesas como saúde, moradia e lazer, pode ajudar a estabelecer uma meta financeira. Por exemplo, se você deseja viver com um padrão de vida semelhante ao atual, deve considerar inflacionar esses valores e ajustar seu planejamento.

Considerações: Revisar e ajustar regularmente as metas de aposentadoria com base em mudanças nas circunstâncias financeiras e nos objetivos pessoais é crucial.

- **Escolha de Investimentos Adequados**

Definição: Selecionar os investimentos certos para o plano de aposentadoria pode maximizar o crescimento dos fundos acumulados e garantir uma renda estável.

Exemplo: Diversificar os investimentos em ações, títulos e fundos imobiliários pode ajudar a equilibrar o risco e o retorno. Por exemplo, investir em fundos de índice pode fornecer uma exposição ampla ao mercado, enquanto títulos de renda fixa podem oferecer segurança e estabilidade.

Considerações: Avaliar o perfil de risco e o horizonte de tempo até a aposentadoria é importante ao escolher os investimentos. Reavaliar os investimentos conforme a aposentadoria se aproxima para reduzir o risco é uma prática recomendada.

- **Maximização de Contribuições**

Definição: Contribuir regularmente e maximizar as contribuições para planos de previdência pode acelerar o crescimento dos fundos de aposentadoria.

Exemplo: Aproveitar os limites de contribuição máximos permitidos por planos de previdência, como PGBL ou VGBL, pode proporcionar benefícios fiscais adicionais e aumentar o valor total acumulado.

Considerações: Fazer contribuições consistentes e revisar o valor das contribuições com base em mudanças de renda e metas financeiras pode melhorar o planejamento de aposentadoria.

8.3 Ajustes e Revisões no Planejamento

Manter o planejamento de aposentadoria atualizado e ajustar conforme necessário pode garantir que você esteja no caminho certo para atingir seus objetivos.

- **Revisão de Planos e Metas**

Definição: Revisar regularmente os planos de previdência e as metas de aposentadoria pode ajudar a identificar quaisquer lacunas e fazer ajustes necessários.

Exemplo: Se houver mudanças nas suas circunstâncias financeiras, como uma promoção ou perda de emprego, é importante revisar o planejamento de aposentadoria para ajustar as contribuições e investimentos conforme necessário.

Considerações: Realizar revisões periódicas e ajustar o planejamento com base em mudanças econômicas e pessoais pode ajudar a garantir que você esteja preparado para a aposentadoria.

- **Adaptação a Mudanças Econômicas e Legais**

Definição: As mudanças nas condições econômicas e nas regulamentações legais podem afetar o planejamento de aposentadoria e exigir ajustes.

Exemplo: Mudanças nas taxas de juros, nas leis fiscais ou nas políticas de previdência social podem impactar seus investimentos e benefícios de aposentadoria. Manter-se atualizado sobre essas mudanças e ajustar seu plano de acordo pode ajudar a proteger seus interesses financeiros.

Considerações: Consultar um planejador financeiro ou consultor para entender o impacto das mudanças econômicas e legais e ajustar o planejamento de aposentadoria conforme necessário é uma abordagem prudente.

Conclusão

O planejamento de aposentadoria e previdência é fundamental para garantir uma aposentadoria financeira segura e confortável. Compreender os diferentes tipos de planos de previdência, definir metas claras e adotar estratégias de investimento adequadas pode ajudar a construir uma base sólida para a aposentadoria. Revisar e ajustar o planejamento regularmente para refletir mudanças nas circunstâncias e nas condições econômicas garantirá que você esteja bem preparado para o futuro.

Capítulo 9: Gestão de Riscos e Proteção Patrimonial

Introdução

A gestão de riscos é uma parte fundamental da gestão financeira, especialmente quando se trata de proteger o patrimônio e garantir a estabilidade financeira a longo prazo. Neste capítulo, exploraremos as estratégias para identificar e gerenciar riscos financeiros e como proteger seu patrimônio contra possíveis ameaças.

9.1 Identificação e Avaliação de Riscos

O primeiro passo na gestão de riscos é identificar e avaliar os diferentes tipos de riscos financeiros que podem afetar sua situação patrimonial.

- **Riscos de Mercado**

Definição: Riscos de mercado referem-se à possibilidade de perda devido a mudanças nos preços de ativos financeiros, como ações, títulos e imóveis.

Exemplo: A volatilidade do mercado de ações pode levar a perdas significativas em um portfólio de investimentos se os preços das ações caírem abruptamente.

Considerações: Avaliar a diversificação do portfólio e a exposição a diferentes classes de ativos pode ajudar a mitigar os riscos de mercado. Utilizar estratégias como a alocação de ativos pode ajudar a reduzir a exposição ao risco.

- **Riscos de Crédito**

Definição: Riscos de crédito referem-se à possibilidade de perdas devido ao não pagamento de dívidas por parte de credores.

Exemplo: Investir em títulos de dívida emitidos por empresas com baixa classificação de crédito pode resultar em perdas se a empresa não conseguir pagar suas dívidas.

Considerações: Avaliar a qualidade de crédito dos emissores e diversificar os investimentos em diferentes tipos de dívida pode ajudar a gerenciar os riscos de crédito.

- **Riscos Operacionais**

Definição: Riscos operacionais envolvem perdas devido a falhas em processos internos, sistemas ou controles.

Exemplo: Uma falha no sistema de TI de uma empresa pode levar a perdas financeiras significativas ou interrupções nos negócios.

Considerações: Implementar controles internos eficazes e realizar auditorias regulares pode ajudar a identificar e mitigar riscos operacionais.

- **Riscos Legais e Regulamentares**

Definição: Riscos legais e regulamentares referem-se à possibilidade de perdas devido a mudanças nas leis e regulamentações ou litígios legais.

Exemplo: Mudanças na legislação fiscal podem afetar a estratégia de planejamento financeiro e resultar em maiores custos ou penalidades.

Considerações: Manter-se atualizado sobre mudanças nas leis e regulamentações e buscar orientação jurídica quando necessário pode ajudar a gerenciar os riscos legais e regulamentares.

9.2 Estratégias de Mitigação de Risco

Após identificar os riscos, é essencial adotar estratégias para mitigá-los e proteger seu patrimônio.

- **Diversificação de Investimentos**

Definição: Diversificação envolve a distribuição de investimentos entre diferentes ativos e classes de ativos para reduzir o risco.

Exemplo: Em vez de investir todo o capital em ações de uma única empresa, diversificar o portfólio com ações de diferentes setores, títulos e imóveis pode reduzir o impacto de uma queda no valor de um único ativo.

Considerações: Revisar regularmente a alocação de ativos e ajustar a diversificação com base nas condições do mercado e nos objetivos financeiros pode melhorar a gestão de riscos.

- **Hedging (Cobertura)**

Definição: Hedging é uma estratégia para proteger contra perdas potenciais usando instrumentos financeiros, como opções e futuros.

Exemplo: Utilizar opções de venda para proteger um portfólio de ações contra uma possível queda no mercado pode ajudar a limitar as perdas.

Considerações: Avaliar os custos e benefícios do hedging e entender como os instrumentos de cobertura funcionam pode ajudar a implementar estratégias eficazes.

- **Seguro Patrimonial**

Definição: O seguro patrimonial fornece proteção contra perdas devido a danos físicos, roubos ou outros eventos inesperados.

Exemplo: Seguros de vida, de propriedade e de responsabilidade civil podem proteger contra perdas financeiras decorrentes de eventos imprevistos, como acidentes, desastres naturais ou litígios.

Considerações: Avaliar as necessidades de seguro com base no valor do patrimônio e nos riscos específicos pode ajudar a garantir a proteção adequada.

- **Plano de Contingência**

Definição: Um plano de contingência é um conjunto de estratégias e ações preparadas para lidar com situações de emergência ou eventos adversos.

Exemplo: Elaborar um plano financeiro para lidar com a perda de uma fonte de renda ou uma grande despesa inesperada pode ajudar a manter a estabilidade financeira.

Considerações: Revisar e atualizar o plano de contingência regularmente para refletir mudanças nas circunstâncias e nos objetivos pode melhorar a preparação para eventos imprevistos.

9.3 Proteção Patrimonial

A proteção patrimonial envolve estratégias para proteger e preservar seus ativos e garantir a segurança financeira.

- **Planejamento Sucessório**

Definição: O planejamento sucessório envolve a organização e a distribuição de bens e ativos após a morte, para garantir que sejam transmitidos de acordo com seus desejos.

Exemplo: Criar um testamento e considerar a utilização de trusts pode ajudar a garantir que seus bens sejam distribuídos de acordo com suas preferências e a minimizar impostos e taxas.

Considerações: Consultar um advogado especializado em planejamento sucessório pode ajudar a garantir que suas disposições sejam legalmente válidas e adequadas às suas necessidades.

- **Proteção contra Credores**

Definição: Proteger seus ativos contra possíveis ações de credores pode ajudar a preservar o patrimônio em caso de litígios ou dívidas.

Exemplo: Utilizar estruturas jurídicas, como trusts, para proteger ativos e limitar a exposição a credores pode ser uma estratégia eficaz.

Considerações: Consultar um especialista em direito patrimonial para avaliar as melhores estratégias para proteger seus ativos contra credores pode ser benéfico.

- **Gestão de Dívidas**

Definição: Gerenciar dívidas de forma eficaz pode ajudar a reduzir o risco financeiro e proteger o patrimônio.

Exemplo: Consolidar dívidas ou renegociar termos de pagamento pode ajudar a gerenciar melhor as obrigações financeiras e reduzir a carga de juros.

Considerações: Avaliar a estrutura de dívidas e buscar opções para reduzir ou eliminar dívidas pode melhorar a saúde financeira e proteger o patrimônio.

Conclusão

A gestão de riscos e a proteção patrimonial são aspectos essenciais da gestão financeira pessoal. Identificar e avaliar os diferentes tipos de riscos, adotar estratégias de mitigação e proteger o patrimônio contra possíveis ameaças pode garantir a estabilidade financeira e a preservação dos ativos. Implementar um plano abrangente para a gestão de riscos e a proteção patrimonial ajudará a alcançar uma segurança financeira a longo prazo e a proteger o seu futuro.

Capítulo 10: Aspectos Psicológicos e Comportamentais dos Investimentos

Introdução

A psicologia desempenha um papel crucial no comportamento dos investidores. Nossas emoções e predisposições comportamentais podem influenciar significativamente nossas decisões financeiras, muitas vezes levando a escolhas subótimas ou reativas. Neste capítulo, exploraremos como os aspectos psicológicos afetam os investimentos e ofereceremos estratégias para aprimorar a tomada de decisões financeiras.

10.1 Comportamento do Investidor e Erros Comuns

Os investidores frequentemente cometem erros devido a preconceitos psicológicos e comportamentais. Compreender esses erros pode ajudar a evitar decisões impulsivas e melhorar os resultados financeiros.

- **Viés de Confirmação**

Definição: O viés de confirmação é a tendência de buscar e interpretar informações que confirmem nossas crenças preexistentes, ignorando evidências contrárias.

Exemplo: Um investidor que acredita firmemente que uma ação está subvalorizada pode buscar apenas notícias positivas sobre a empresa e ignorar sinais de alerta que indicam possíveis problemas.

Considerações: Reconhecer o viés de confirmação e buscar uma análise objetiva e equilibrada pode ajudar a tomar decisões de investimento mais informadas.

- **Viés de Ancoragem**

Definição: O viés de ancoragem ocorre quando os investidores se fixam em um valor específico, como o preço de compra de um ativo, ao tomar decisões.

Exemplo: Se um investidor comprou ações a R$50 e o preço caiu para R$40, ele pode hesitar em vender, mesmo que a perspectiva para a ação tenha mudado, por estar ancorado ao preço de compra.

Considerações: Avaliar o valor atual do ativo com base em informações recentes e fundamentais, em vez de se fixar em valores passados, pode levar a decisões mais racionais.

- **Efeito de Manada**

Definição: O efeito de manada é a tendência de seguir o comportamento da maioria, sem considerar a análise individual dos investimentos.

Exemplo: Durante uma bolha especulativa, muitos investidores compram ativos apenas porque todos estão fazendo o mesmo, sem realizar sua própria análise.

Considerações: Fazer uma análise independente e fundamentada, em vez de seguir cegamente o comportamento da maioria, pode ajudar a evitar decisões impulsivas e arriscadas.

- **Excesso de Confiança**

Definição: O excesso de confiança ocorre quando os investidores superestimam suas habilidades e conhecimento, levando a decisões arriscadas.

Exemplo: Um investidor que teve sucesso recente pode acreditar que sempre tomará decisões corretas e, portanto, assumir mais riscos do que o adequado.

Considerações: Reconhecer as limitações pessoais e buscar conselhos profissionais pode ajudar a mitigar o excesso de confiança e tomar decisões mais equilibradas.

10.2 Estratégias para Melhorar a Tomada de Decisões

Adotar estratégias para melhorar a tomada de decisões financeiras pode ajudar a superar preconceitos psicológicos e tomar decisões mais racionais e informadas.

- **Desenvolvimento de um Plano de Investimento**

Definição: Um plano de investimento bem definido estabelece objetivos claros, estratégias e critérios para a seleção e monitoramento de investimentos.

Exemplo: Criar um plano que inclua metas de longo prazo, alocação de ativos e critérios de avaliação pode ajudar a manter o foco e a disciplina, mesmo em momentos de volatilidade do mercado.

Considerações: Revisar e ajustar o plano de investimento regularmente com base em mudanças nas circunstâncias e nos objetivos pode garantir que ele permaneça relevante e eficaz.

- **Uso de Estratégias de Investimento Automatizadas**

Definição: Estratégias automatizadas, como investimentos em fundos indexados ou robôs de investimento, podem ajudar a reduzir o impacto das emoções e dos preconceitos.

Exemplo: Utilizar um robô de investimento para seguir uma estratégia de alocação de ativos predeterminada pode ajudar a evitar decisões impulsivas baseadas em flutuações de curto prazo do mercado.

Considerações: Avaliar a adequação das estratégias automatizadas em relação aos seus objetivos e perfil de risco pode maximizar seus benefícios.

- **Educação e Autoconhecimento**

Definição: Investir em educação financeira e autoconhecimento pode ajudar a entender melhor suas emoções e comportamentos em relação aos investimentos.

Exemplo: Participar de cursos sobre finanças comportamentais ou ler livros sobre psicologia dos investimentos pode fornecer insights valiosos e ajudar a melhorar a tomada de decisões.

Considerações: Continuar aprendendo sobre finanças e investir no desenvolvimento pessoal pode melhorar a capacidade de tomar decisões financeiras mais informadas e equilibradas.

- **Consultoria Financeira Profissional**

Definição: Buscar a orientação de consultores financeiros pode fornecer uma perspectiva objetiva e ajudar a superar preconceitos pessoais.

Exemplo: Um consultor financeiro pode oferecer conselhos baseados em análise e experiência, ajudando a evitar decisões impulsivas e a seguir uma estratégia de investimento sólida.

Considerações: Escolher um consultor financeiro qualificado e com experiência pode garantir que você receba orientações adequadas e imparciais.

10.3 Implementação e Monitoramento

Implementar as estratégias discutidas e monitorar continuamente o desempenho pode ajudar a melhorar a eficácia da tomada de decisões e alcançar os objetivos financeiros.

- **Implementação de Estratégias**

Definição: Colocar em prática as estratégias desenvolvidas e assegurar que sejam seguidas de forma consistente.

Exemplo: Implementar um plano de investimento e utilizar ferramentas automatizadas conforme planejado pode ajudar a manter o foco e a disciplina.

Considerações: Avaliar a eficácia das estratégias e fazer ajustes conforme necessário para garantir que estejam alinhadas com os objetivos financeiros.

- **Monitoramento e Avaliação**

Definição: Monitorar regularmente o desempenho dos investimentos e avaliar a eficácia das estratégias implementadas.

Exemplo: Revisar periodicamente o portfólio de investimentos e ajustar a alocação de ativos conforme necessário para refletir mudanças nas condições do mercado e nas metas financeiras.

Considerações: Manter um registro detalhado das decisões financeiras e avaliar seu impacto pode fornecer insights valiosos e ajudar a melhorar a tomada de decisões no futuro.

Conclusão

Os aspectos psicológicos e comportamentais desempenham um papel significativo nas decisões de investimento. Compreender os preconceitos e erros comuns, adotar estratégias para melhorar a tomada de decisões e implementar um plano de investimento sólido pode ajudar a superar as influências emocionais e alcançar objetivos financeiros de longo prazo. Investir em educação financeira, utilizar estratégias automatizadas e buscar orientação profissional pode melhorar a eficácia da gestão financeira e promover uma abordagem mais equilibrada e racional aos investimentos.

Conclusão

À medida que chegamos ao final deste livro, é importante refletir sobre a jornada que fizemos para entender o mundo dos investimentos pessoais e como aplicá-lo efetivamente para alcançar o sucesso financeiro. A gestão de investimentos não é apenas uma questão de números e gráficos, mas também de estratégias cuidadosamente planejadas e do entendimento profundo de suas próprias metas e limitações.

Revisamos conceitos fundamentais e exploramos diversas classes de ativos, desde ações e títulos até imóveis e investimentos alternativos. A importância do planejamento financeiro foi destacada, evidenciando como um plano bem estruturado pode orientar suas decisões e ajudar a alcançar seus objetivos de longo prazo. Discutimos também a análise de risco e retorno, fornecendo ferramentas para avaliar oportunidades e entender os trade-offs envolvidos em cada decisão de investimento.

A gestão de riscos e a proteção patrimonial foram abordadas com uma visão prática e estratégica, destacando a necessidade de uma abordagem proativa para proteger seu patrimônio contra imprevistos e garantir a segurança financeira. As estratégias de mitigação, como a diversificação de investimentos e o uso de seguros, são cruciais para construir uma base sólida e resiliente.

Além disso, exploramos o impacto da psicologia e do comportamento na tomada de decisões financeiras. Compreender como nossas emoções e preconceitos podem influenciar nossas escolhas é fundamental para superar erros comuns e melhorar a eficácia das nossas estratégias de investimento. Ao adotar uma abordagem disciplinada e informada, é possível tomar decisões mais equilibradas e alinhadas com seus objetivos.

Em última análise, o sucesso nos investimentos pessoais requer mais do que apenas conhecimento técnico; envolve uma abordagem estratégica, uma compreensão profunda de si mesmo e a capacidade de adaptar-se às mudanças do mercado. Ao aplicar as estratégias e insights discutidos neste livro, você estará mais bem preparado para enfrentar os desafios financeiros e construir um futuro financeiro seguro e próspero.

Esperamos que este livro tenha sido um recurso valioso na sua jornada de investimentos e que você se sinta mais confiante e capacitado para tomar decisões informadas. Lembre-se de que o aprendizado é um processo contínuo, e manter-se atualizado com as tendências e estratégias do mercado é essencial para o sucesso a longo prazo.

Apêndice

A. Glossário de Termos Financeiros

Um glossário abrangente para ajudar os leitores a entender a terminologia financeira usada ao longo do livro.

- **Ação**: Título que representa uma parte do capital social de uma empresa, conferindo ao acionista direito a uma parcela dos lucros e dos ativos.
- **Alocação de Ativos**: Estratégia de investimento que distribui o capital entre diferentes classes de ativos (ações, títulos, imóveis, etc.) para diversificar e gerenciar o risco.
- **Diversificação**: Prática de investir em diferentes tipos de ativos para reduzir o risco total do portfólio.
- **Índice de Sharpe**: Medida que avalia o desempenho ajustado pelo risco de um investimento, comparando o retorno excedente com a volatilidade.
- **Liquidez**: Facilidade com a qual um ativo pode ser convertido em dinheiro sem afetar seu preço.
- **Risco**: Possibilidade de perda ou variação negativa nos retornos de um investimento.
- **Títulos**: Instrumentos de dívida emitidos por governos ou empresas que pagam juros aos investidores.

B. Recursos e Ferramentas para Investidores

Uma lista de recursos e ferramentas úteis para investidores.

- **Plataformas de Investimento**: Sites e aplicativos que permitem a negociação de ações, títulos e outros ativos.
    - **Exemplos**: Vanguard, Fidelity, eToro.
- **Calculadoras Financeiras**: Ferramentas para calcular retorno sobre investimento, risco e outras métricas financeiras.
    - **Exemplos**: Calculadoras de juros compostos, calculadoras de risco de portfólio.

- **Revistas e Jornais Financeiros**: Fontes de notícias e análises sobre o mercado financeiro.
    - **Exemplos**: Bloomberg, Financial Times, The Wall Street Journal.

C. Estudos de Caso Adicionais

Estudos de caso adicionais para aprofundar o entendimento dos conceitos discutidos.

- **Estudo de Caso 1: A Crise Financeira de 2008**
    - **Descrição**: Análise dos eventos que levaram à crise financeira global, o impacto sobre os mercados de investimentos e as lições aprendidas.
    - **Aspectos Abordados**: Risco sistêmico, impacto em diferentes classes de ativos, estratégias de mitigação de risco.
- **Estudo de Caso 2: Investindo em Startups**
    - **Descrição**: Exame de casos reais de investimentos em startups, incluindo o processo de avaliação, risco envolvido e retornos obtidos.
    - **Aspectos Abordados**: Due diligence, avaliação de startups, estratégias de investimento em venture capital.

D. Referências e Leituras Recomendadas

Uma lista de livros, artigos e outras fontes para aprofundar o conhecimento sobre investimentos pessoais.

- **Livros**:
    - *"O Investidor Inteligente"* por Benjamin Graham
    - *"Pai Rico, Pai Pobre"* por Robert T. Kiyosaki
    - *"A Random Walk Down Wall Street"* por Burton G. Malkiel
- **Artigos e Publicações**:
    - Artigos acadêmicos sobre alocação de ativos e gerenciamento de risco.
    - Publicações de instituições financeiras renomadas sobre tendências de mercado e estratégias de investimento.

E. Modelos e Exemplos de Planos de Investimento

Modelos e exemplos para ajudar os leitores a desenvolver seus próprios planos de investimento.

- **Modelo de Plano de Investimento**:
    - **Objetivos de Investimento**: Definição de metas financeiras de curto e longo prazo.
    - **Estratégia de Alocação de Ativos**: Percentuais recomendados para diferentes classes de ativos com base no perfil de risco.
    - **Plano de Monitoramento**: Frequência e métodos para revisar e ajustar o portfólio.
- **Exemplo de Plano de Investimento**:
    - **Perfil Conservador**: Alocação predominante em títulos e investimentos de baixo risco.
    - **Perfil Moderado**: Diversificação entre ações e títulos, com uma abordagem equilibrada de risco e retorno.
    - **Perfil Agressivo**: Enfoque em ações e investimentos alternativos para maximizar o retorno, assumindo maior risco.

F. Contatos e Consultoria Financeira

Informações para buscar ajuda profissional e orientação financeira.

- **Consultores Financeiros**:
    - **Recomendações**: Como encontrar e selecionar um consultor financeiro qualificado.
- **Associações e Organizações**:
    - **Exemplos**: CFP Board, CFA Institute, Associação Brasileira de Planejadores Financeiros (Planejar).

Referências e Leituras Recomendadas

Livros

11. **"O Investidor Inteligente"** por Benjamin Graham
    - **Descrição**: Considerado um clássico no mundo dos investimentos, este livro oferece princípios fundamentais de análise de valor e estratégias de investimento que visam maximizar o retorno e minimizar o risco. Graham introduz o conceito de "investimento em valor", que é essencial para investidores que buscam segurança e retorno sustentável.
12. **"Pai Rico, Pai Pobre"** por Robert T. Kiyosaki
    - **Descrição**: Este best-seller explora as diferenças entre as mentalidades financeiras dos ricos e dos pobres. Kiyosaki enfatiza a importância da educação financeira, do investimento em ativos e do desenvolvimento de habilidades empreendedoras como caminho para a independência financeira.
13. **"A Random Walk Down Wall Street"** por Burton G. Malkiel
    - **Descrição**: Malkiel apresenta a teoria da "caminhada aleatória" e argumenta que os mercados financeiros são eficientes e que é difícil superar o mercado com estratégias ativas. O livro oferece uma visão abrangente de diversos tipos de investimentos e estratégias, além de sugestões práticas para investidores de todos os níveis.
14. **"Investimentos"** por William J. Bernstein
    - **Descrição**: Bernstein fornece uma análise profunda das finanças e dos mercados financeiros, combinando teoria com prática. O livro aborda a história dos mercados, a teoria moderna de portfólios e estratégias de alocação de ativos.
15. **"Common Stocks and Uncommon Profits"** por Philip Fisher
    - **Descrição**: Fisher explora a filosofia de investimento focada em encontrar empresas com potencial de crescimento excepcional. O livro é uma leitura essencial para quem deseja compreender os princípios de análise qualitativa de ações.

Artigos e Publicações

16. **"The Efficient Market Hypothesis and Its Critics"** - Eugene Fama
    - **Descrição**: Um artigo seminal sobre a hipótese de mercados eficientes, que explora a teoria de que os preços dos ativos refletem toda a informação disponível. Fama discute as implicações dessa teoria para investidores e gestores de fundos.

17. **"Asset Allocation: Management Style and Performance Measurement"** - Roger Ibbotson e Paul Kaplan
    - **Descrição**: Este artigo fornece uma análise detalhada da alocação de ativos e como diferentes estilos de gestão afetam o desempenho dos investimentos. Ibbotson e Kaplan exploram como a alocação estratégica pode impactar os retornos e o risco.

18. **"Behavioral Finance: Psychology, Decision-Making, and Markets"** - Hersh Shefrin
    - **Descrição**: Um artigo que aborda como a psicologia influencia a tomada de decisões financeiras e os mercados financeiros. Shefrin explora conceitos de finanças comportamentais e como os investidores podem superar preconceitos e melhorar suas decisões.

19. **"Global Investment Performance Standards (GIPS) Handbook"** - CFA Institute
    - **Descrição**: Um guia sobre os padrões globais para medir o desempenho de investimentos. O handbook fornece diretrizes e melhores práticas para garantir a transparência e a precisão na avaliação de desempenho de investimentos.

Websites e Recursos Online

20. **Investopedia** - Investopedia
    - **Descrição**: Uma fonte abrangente de definições financeiras, artigos e tutoriais sobre todos os aspectos dos investimentos e finanças pessoais.

21. **Morningstar** - Morningstar
    o **Descrição**: Oferece análises detalhadas de fundos mútuos, ações e outras classes de ativos, além de ferramentas para ajudar investidores a tomar decisões informadas.
22. **Yahoo Finance** - Yahoo Finance
    o **Descrição**: Fornece notícias financeiras, dados de mercado e ferramentas para acompanhamento de investimentos.
23. **Bloomberg** - Bloomberg
    o **Descrição**: Um recurso valioso para notícias financeiras e análises de mercado. Oferece informações detalhadas sobre mercados, empresas e economia global.

Índice

A

- **Ações**
    - Definição, 10
    - Exemplos de investimentos, 11
    - Avaliação e análise, 16
- **Alocação de Ativos**
    - Conceito, 8
    - Estratégias, 21
    - Modelos de alocação, 31

B

- **Behavioral Finance (Finanças Comportamentais)**
    - Introdução, 56
    - Erros comuns dos investidores, 59
    - Estratégias para melhorar a tomada de decisões, 62

C

- **Criptomoedas**
    - Definição e características, 41
    - Riscos e oportunidades, 46
    - Exemplos de investimentos, 49
- **Curva de Rendimentos**
    - Explicação, 33
    - Impacto no mercado financeiro, 36

D

- **Diversificação**
    - Conceito e importância, 26

- o Estratégias de diversificação, 29
- o Exemplos práticos, 29
- **Dividendos**
  - o Definição e tipos, 51
  - o Impacto no retorno de investimentos, 53

E

- **Estratégias de Investimento**
  - o Diversificação, 25
  - o Alocação de ativos, 30
  - o Investimento em valor, 33
  - o Investimento de crescimento, 36

F

- **Fatores Econômicos**
  - o Impacto sobre os investimentos, 27
  - o Indicadores econômicos importantes, 29

G

- **Gestão de Risco**
  - o Conceitos e técnicas, 66
  - o Estratégias de mitigação, 68
  - o Proteção patrimonial, 71

I

- **Imóveis**
  - o Tipos de investimentos imobiliários, 41
  - o Análise de rentabilidade, 43
- **Índice de Sharpe**
  - o Definição e cálculo, 72

- Aplicações na análise de investimentos, 75

M

- **Modelos de Planejamento Financeiro**
    - Exemplo de plano conservador, 84
    - Exemplo de plano moderado, 87
    - Exemplo de plano agressivo, 90

O

- **Opções de Investimento Alternativo**
    - Commodities, 46
    - Startups e venture capital, 49

P

- **Perfil de Investidor**
    - Tipos de perfis, 16
    - Determinação do perfil, 18
    - Ajustes ao perfil ao longo do tempo, 20
- **Planejamento Financeiro**
    - Definição e importância, 21
    - Criando um orçamento, 22
    - Estabelecimento de metas, 24

R

- **Risco**
    - Tipos de risco, 27
    - Medição e gestão do risco, 70

T

- **Títulos**
    - Tipos de títulos, 38
    - Análise de rentabilidade e risco, 42

V

- **Valorização e Desvalorização**
    - Conceito e impacto nos investimentos, 50

Sobre o Autor

Robson Ferreira é um renomado especialista em finanças pessoais e investimentos com mais de uma década de experiência no mercado financeiro. Formado em Ciências da Computação e Economia, Robson também possui uma pós-graduação em Gestão de Pessoas e Ciência de Dados, o que lhe proporciona uma visão abrangente e integrada do ambiente financeiro e das tendências tecnológicas.

Como empresário, Robson é o fundador e proprietário do canal **RF Investimentos**, um espaço dedicado à educação financeira e ao esclarecimento de conceitos complexos sobre o mercado financeiro para um público amplo. Além de seu trabalho no YouTube, Robson também é autor de três ebooks de sucesso publicados na Amazon, que abordam diversos aspectos dos investimentos e da gestão financeira pessoal.

Sua experiência prática no mercado financeiro é complementada por uma sólida formação acadêmica e uma carreira que inclui a gestão de investimentos e a consultoria financeira. Robson é conhecido por sua abordagem detalhada e estratégica, combinando análise técnica com uma compreensão profunda das nuances do comportamento do mercado e das necessidades dos investidores.

Robson Ferreira também é um entusiasta da ciência e da educação, frequentemente integrando temas de finanças com princípios científicos para oferecer uma perspectiva inovadora e informada. Seus trabalhos não só ajudam os investidores a alcançar seus objetivos financeiros, mas também promovem uma maior compreensão dos mercados financeiros e das estratégias eficazes para a construção de riqueza.

Em seu tempo livre, Robson continua a explorar novas tendências e tecnologias no campo das finanças e a compartilhar seu conhecimento através de conferências e workshops, contribuindo para o crescimento e a educação financeira de uma comunidade global de investidores.

www.ingramcontent.com/pod-product-compliance
Lightning Source LLC
Chambersburg PA
CBHW070358230526
45471CB00006B/2629